BEI GRIN MACHT SICH IHR WISSEN BEZAHLT

- Wir veröffentlichen Ihre Hausarbeit,
  Bachelor- und Masterarbeit

- Ihr eigenes eBook und Buch -
  weltweit in allen wichtigen Shops

- Verdienen Sie an jedem Verkauf

Jetzt bei www.GRIN.com hochladen und kostenlos publizieren

Hans-Jürgen Borchardt

Gestaltungsregeln für das Internet

Hinweise und Tipps

GRIN Verlag

Bibliografische Information der Deutschen Nationalbibliothek:

Die Deutsche Bibliothek verzeichnet diese Publikation in der Deutschen National-
bibliografie; detaillierte bibliografische Daten sind im Internet über http://dnb.d-
nb.de/ abrufbar.

Impressum:

Copyright © 2010 GRIN Verlag, Open Publishing GmbH
Druck und Bindung: Books on Demand GmbH, Norderstedt Germany
ISBN: 978-3-640-75789-3

Dieses Buch bei GRIN:

http://www.grin.com/de/e-book/162083/gestaltungsregeln-fuer-das-internet

Gestaltungsregeln für das Internet

Das Internet ist das einzige Medium, das die Möglichkeit bietet, sich sowohl zu informieren als auch ohne Zwischenschritt sofort und direkt zu bestellen. Oder anders, das Internet ist ein interaktives Medium, das den User zwingt, nach Ihren Vorgaben zu navigieren, damit er die Informationen erhält, die er sich wünscht oder seine Bestellung vollziehen kann. Deshalb muss darauf geachtet werden, dass diese Arbeit für ihn „benutzerfreundlich" gestaltet wird.

Da das für alle Anbieter im Internet gilt, ist der inhaltliche, gestalterische und strukturelle Vergleich von Internetauftritten besonders intensiv gegeben, denn die Wettbewerber sind immer nur einen Klick weit weg. Deshalb gelten für das Internet zum Teil eigene Regeln für den Aufbau und die Gestaltung der Seiten.

Egal, ob Sie Ihre Seiten selbst gestalten oder von einem Profi machen lassen, achten Sie immer darauf, dass sich die Gestaltung und das Informationsangebot an den Erwartungen der Nutzer orientiert. Sie wollen schnell und einfach Informationen erhalten, um im Bedarfsfall ebenso schnell und einfach bestellen zu können. Ist der gesamte Auftritt nicht benutzerfreundlich, besteht die Gefahr, dass der User einen Konkurrenten aufruft. Um das zu vermeiden, müssen folgende Vorgaben beachtet werden.

1. Der erste Eindruck

Sie wissen, der 1. Eindruck entscheidet. Daher muss die 1. Seite folgende Bedingungen erfüllen:

1.1 Das Erscheinungsbild der ersten Seite sollte hell und freundlich sein, d. h., dass die Anmutung positiv sein muss.

1.2 Die Seite muss so übersichtlich sein, dass der Nutzer auf einen Blick erkennt, wo er welche Informationen bzw. Angebote findet, damit er ohne Sucherei fehlerfrei navigieren kann.

1.3 Ganz wichtig: Bereits auf der ersten Seite müssen Sie darstellen, was Ihren Betrieb besonders auszeichnet, damit bereits beim ersten Kontakt eine klare und eindeutige Differenzierung zu den Konkurrenten stattfindet.

2. Kurze aber informative Texte

Versuchen Sie Ihre Texte so kurz wie möglich zu halten. Personen, die sich im Internet informieren, wollen keine Romane lesen. Sie wollen kurz und umfassend alles Wesentliche erfahren. Deshalb ist die Gestaltung der Texte für Internetseiten besonders schwierig. Denken Sie daran, was angeblich mal ein guter Texter gesagt haben soll; „Wer etwas in drei Sätzen sagt, was man auch in drei Worten sagen kann, der ist auch anderer Gemeinheiten fähig."

Eine Alternative zur textlichen Darstellung sind verständliche Piktogramme.

3. Einfache und schnelle Navigation

Achten Sie darauf, dass Ihr Internetauftritt so gestaltet ist, dass der Nutzer *spätestens* beim dritten Seitenaufruf „am Ziel" ist. Wenn er sich erst über mehrere Stufen zum eigentlichen Angebot hin arbeiten muss, kann es sein, dass er die Geduld verliert.

4. Den Auftritt identisch gestalten

Lassen Sie sich vom Webdesigner oder Grafiker kein neues Erscheinungsbild aufschwatzen. Der werbliche Auftritt im Internet muss optisch und inhaltlich mit Ihren anderen Maßnahmen identisch sein. Wenn das nicht gegeben ist, kann der Empfänger Ihrer Informationen oft nicht erkennen, dass es sich um den gleichen Betrieb handelt.

5. Erhöhen Sie Ihre Akzeptanz

Meistens sind es die Kleinigkeiten und das „Wie", die das Image prägen. Dabei handelt es sich oft um Leistungen, die nichts kosten aber zusätzlich good-will auslösen.

Wenn z. B. in einer Pension die Rezeption nicht „rund um die Uhr" besetzt ist, muss angegeben werden, wann man wen telefonisch erreichen kann. Auch wird es vom Nutzer positiv empfunden, wenn gesagt wird, innerhalb welcher Zeit die Bestätigung erfolgt.

Eine weitere Möglichkeit ist der Rückruf-Service. Damit wird dem Interessenten die Möglichkeit gegeben, sich direkt und kostenfrei mit dem Anbieter in Verbindung zu setzen. Außerdem hat es sich als sinnvoll erwiesen, am Ende des Formulars darauf hinzuweisen, unter welchem Absender Ihre e-Mail Bestätigung erfolgen wird, damit diese nicht als Spam gelöscht wird.

Eine weit verbreitete Unsitte ist es auch, sich nicht für die Reservierung zu bedanken. Deshalb: Vergessen Sie nicht ein nettes „Danke".

6. Zuviel Informationen auf eine Seite

Viele Anbieter wollen möglichst viel auf der Startseite darstellen. Weil nicht alles „Auf eine Seite passt", müssen die User (endlos) scrollen. Scrollen vermindert aber die Akzeptanz und die Übersichtlichkeit. Besser ist es, wenn Sie das Gesamtangebot klar strukturieren und die Informationen thematisch gliedern.

7. Vermeiden Sie unnötige Fragen

Verlangen Sie im Bestellformular keine Auskünfte zur Person, die nicht unbedingt nötig sind. Sie wissen, es gibt viele Gäste, die misstrauisch werden, wenn Daten abgefragt werden, die nicht zwingend nötig sind.

8. Erfüllen Sie Wünsche

Fragen Sie den zu erwartenden Gast in der Bestätigungsmail nach möglichen Wünschen. Die Möglichkeiten sind beinahe unendlich. Vom rauchfreien Zimmer, über eine Garage, bis zu Restaurants oder möglichen Bars in der Nähe etc. reicht die Palette.

9. Differenzieren Sie

Sie haben es grundsätzlich mit zwei unterschiedlichen Bestellabläufen zu tun. Entweder erfolgt die Reservierung direkt oder über einen Mittler. Motivieren Sie die Gäste zur direkten Bestellung, in dem Sie den Direktbestellern eine kleine Aufmerksamkeit oder einen Preisnachlass offerieren. Nehmen Sie dieses Angebot auch in Ihre sonstigen Werbemittel und in Ihren Rechnungen auf, damit die Gäste sich erinnern und Interessenten sich zusätzlich motiviert fühlen.

Wenn diese Regeln für einen Internetauftritt eingehalten werden, ist der Auftritt des Betriebes optimal.

Hans-Jürgen Borchardt
Dezember 2010